LE
PRINCE NAPOLÉON

ET LE

PARTI BONAPARTISTE

PAR

GEORGES LACHAUD

PARIS

E. DENTU, LIBRAIRE-ÉDITEUR

PALAIS-ROYAL, 15-17-19, GALERIE D'ORLÉANS

—

1880

LE PRINCE NAPOLÉON

ET

LE PARTI BONAPARTISTE

LE PRINCE NAPOLÉON

ET

LE PARTI BONAPARTISTE

PAR

GEORGES LACHAUD

PARIS

E. DENTU, LIBRAIRE-ÉDITEUR

PALAIS-ROYAL, 15-17-19, GALERIE D'ORLÉANS

1880

Tous droits réservés.

LE PRINCE NAPOLÉON

ET

LE PARTI BONAPARTISTE

I

Lorsqu'au mois de juin 1879 on apprit que le Prince Impérial était mort, il se trouvait à Paris un homme dont la situation ne manquait pas d'originalité.

Cet homme avait été attaqué au delà de toute mesure par les partisans du Prince Impérial qui venait de mourir, traité par eux en ennemi déclaré. Repoussé, isolé, il vivait à l'écart au milieu d'un groupe restreint d'amis fidèles. — Ce réprouvé s'appelait le Prince Napoléon.

Or le Prince Napoléon devenait en un jour l'unique espérance de ceux qui l'avaient combattu et injurié. Sans lui le parti bonapartiste était obligé de se disperser, et l'ennemi de la veille se trouvait être l'indispensable chef.

Rarement pareil spectacle avait été donné au monde politique, et le monde politique observa, sans dissimuler un sourire, ce qui allait se passer.

La première réflexion que firent tous les gens de bon sens fut que le parti bonapartiste s'était montré bien maladroit.

Certes on savait que la violence est mauvaise conseillère; on avait vu les emportements des bonapartistes contribuer puissamment au succès de la République ; mais comment imaginer que la colère pût entraîner des hommes adultes à une telle imprudence? Comment avaient-ils couvert d'opprobre un Prince qui, grâce aux hasards que courait une frêle existence, pouvait s'imposer de telle sorte qu'il fallût l'accepter ou disparaître ? Qui eût imaginé que pendant tant d'années aucun bonapartiste ne se fût jamais dit : si le Prince Impérial mourait, que deviendrions-nous ?

Les bonapartistes se l'étaient si peu dit qu'aucun d'entre eux n'avait eu l'idée d'examiner la Constitution dont ils tiraient leurs prétentions, et de constater que s'ils se laissaient aller à leurs ressentiments contre le Prince Napoléon, cette Constitution s'écroulerait sur eux. Aussi les plus acharnés eurent-ils tout d'abord l'idée d'exclure le Prince Napoléon, jusqu'au jour où, en lisant pour la première fois la loi dont ils tiraient argument, ils s'aperçurent que sans le Prince Napoléon il n'y aurait plus de parti bonapartiste. Et, châtiment tout à fait exemplaire d'une politique fantaisiste ! ceux qui avaient traité avec le moins de retenue le Prince Napoléon se trouvaient plus que tous les autres obligés de reconnaître ses droits, en vertu des doctrines mêmes qu'ils avaient enseignées. C'était en effet parmi ces turbulents que se trouvaient les inventeurs de la quatrième dynastie, de cette théorie particulière qui soumet le droit plébiscitaire à une sorte d'hérédité et qui donne aux Napoléons, à l'exclusion des Bourbons, un droit de légitimité semblable à celui de la troisième race.

Si bien que, prêchant d'un côté l'hérédité, et d'autre part accablant d'injures l'héritier, ils s'étaient pris eux-mêmes au piége entre leurs théories et leurs antipathies.

Comment sortir de ce mauvais pas ? comment se démentir sans avouer qu'on s'était trompé ? comment se soumettre sans s'avilir ? comment saisir cette dernière planche de salut qu'on avait si bien essayé de briser ?

C'était un problème délicat. Les bonapartistes l'ont-ils résolu ?

II

De quoi se compose le parti bonapartiste?

Comme tous les partis, le parti bonapartiste se compose d'une troupe de réserve, armée sédentaire, et d'une troupe active, armée militante.

A en juger par les résultats qu'ont donnés les dernières élections législatives, l'ensemble du parti bonapartiste comprendrait environ le cinquième des électeurs français ; mais en se rappelant que la République était déjà en 1877 le gouvernement nominal de la France, ce qui lui assurait quelque avantage, on peut dire, sans crainte de beaucoup se tromper, que les bonapartistes forment à peu près le quart des électeurs. Il est probable qu'un plébiscite donnerait cette proportion.

Nous savons bien que les prétentions de certains

1.

bonapartistes sont beaucoup plus élevées et qu'ils professent que le plébiscite leur apporterait la majorité des suffrages. Mais il faut observer que les élections se sont faites en 1876 et en 1877 d'une façon presque plébiscitaire, que partout l'électeur a été ouvertement convié à voter pour ou contre la République, qu'il a témoigné de ses sympathies en faveur d'un régime déterminé plutôt qu'en faveur d'une personne et que du reste les candidats bonapartistes étaient en général plus riches et plus influents que leurs concurrents républicains. Aussi doit-on dire sans crainte de se tromper qu'un plébiscite n'eût pas changé notablement les résultats.

Peut-on savoir quelle augmentation ou quelle diminution le chiffre des bonapartistes a subie depuis deux ans? Cela est difficile. Les bonapartistes, arguant de la sensation profonde que la mort du Prince Impérial a produite en France et surtout à Paris, supposent que ce chiffre s'est beaucoup accru. Ils ne se rendent pas un compte suffisamment exact des motifs de cette grande émotion. Ils oublient que toute catastrophe très tragique agite vivement en France l'opinion publique, et que tout personnage en vue y attire extrêmement l'attention. L'enterrement de la victime la plus obscure d'un vulgaire assassinat est suivi par des milliers de curieux, et un duel entre deux députés connus prime les événements historiques. Qu'est-ce donc quand la catastrophe atteint un personnage dont le courage et le caractère excitent l'admiration ! Il ne faut point tirer d'une sympathie attendrie des conclusions exagérées, et l'on doit s'en tenir aux résultats des dernières élections partielles qui semblent constater que la situation du parti bonapartiste est restée jusqu'ici à peu près stationnaire.

Quels sont les soldats de ce que nous avons appelé « l'armée sédentaire du parti bonapartiste? » Ce sont d'ordinaire les électeurs des départements favorisés par les traités de commerce qu'a conclus Napoléon III, les électeurs des départements vinicoles surtout ; ce qui prouve que l'on n'a réellement d'action sur les populations que par des bienfaits purement matériels. De-ci, de-là, quelque autre circonscription animée de sympathies bonapartistes apparaît, oasis perdue dans de vastes steppes républicains. Comment la foi à l'Empire s'y est-elle conservée intacte? Ce serait parfois une piquante histoire à écrire, où l'influence d'un homme aimable, d'un financier généreux, d'un jeune homme actif apparaîtrait prépondérante.

Les grandes villes fournissent peu de contingents à

:ette armée sédentaire bonapartiste, bien que l'Em-
)ire les ait comblées jadis. Mais il est à remarquer que les
salaires élevés, payés aux ouvriers du temps de l'Em-
)ire, sont depuis longtemps dépensés, tandis que les
evenus fonciers acquis aux départements vinicoles,
par exemple, grâce aux traités de commerce, font
encore la fortune des paysans, en dépit du phylloxera.

Les grandes villes, au contraire, fournissent le contingent presque tout entier de l'armée militante bonapartiste.

A Paris, cette armée militante s'agite fort et reste
absolument fidèle. On la retrouve, à quelques voix près,
dans toutes les élections, sans que la loi inflexible des
morts et des naissances semble influer sur elle.

Trente mille ils étaient, à l'époque où le colonel
Stoffel se présentait aux élections à Paris, en même
temps que MM. Barodet et de Rémusat ; trente mille
ils sont encore : douze cents dans tel arrondissement,
deux mille dans tel autre, quatre mille dans le plus
favorisé, toujours solides au poste, toujours inébran-
lables, chacun d'eux restant *fidelis ad imperium*,
comme plusieurs le mettent sur leurs cartes de visite.

Ne meurent-ils donc pas, ces braves gens ? Ils meu-
rent, hélas ! Beaucoup sont âgés, et l'on voit disparaître les vieilles moustaches grises que l'on était

habitué à retrouver au bas de l'escalier de St-Augustin, à la messe du 15 août. Mais leurs fils les remplacent. La mort même ne cause pas de défections : les jeunes prennent la place des vieux, et l'on ne s'en aperçoit presque pas.

La constance est en effet le trait distinctif de cette armée militante. Jamais un parti n'a donné semblable exemple de ténacité.

Voici dix années écoulées, et c'est à peine si l'on compte dix défections. Les légitimistes, qui passaient pour des modèles en ce genre, ont vu peu à peu, sous l'Empire, s'égrener leur parti. Les bonapartistes se maintiennent d'une façon admirable.

Classons rapidement ces combattants toujours debout.

A Paris, par exemple, quels sont ces trente mille bonapartistes actifs ?

On ne rencontre parmi eux que très peu d'ouvriers, à peine une poignée. La classe ouvrière n'a encore, à aucun degré, accepté les théories autoritaires et démocratiques de l'Empire. Ces théories lui ont été mal présentées, et les anciens chefs du parti ont donné depuis longtemps à l'Empire des tendances très propres à écarter les démocrates. Or, on ne saurait demander aux ouvriers d'être autre chose que des démocrates.

Aussi, lorsqu'un bonapartiste va parler dans les faubourgs au nom de l'Empire populaire, lorsqu'il chante les louanges du socialisme césarien, lorsqu'il rappelle les réformes faites par Napoléon III au profit des travailleurs, il est souvent bien accueilli, mais il n'est jamais cru. Nous ne parlons pas, bien entendu, de ces réunions privées tenues sur le terrain des quartiers excentriques, mais que l'on remplit de jeunes gens bien mis, et à la porte desquelles stationnent vingt équipages. Nous parlons des très rares tentatives faites sous la forme de réunions publiques.

Quand un orateur bonapartiste se montre poli, rend hommage à la loyauté de ses adversaires, accepte la République comme un fait accompli qu'il regrette mais qu'il ne saurait dénier, cet orateur est laissé tout à fait libre de faire l'éloge du système impérial, et s'il a quelque faconde ou quelque esprit, il sera très souvent applaudi.

Mais, nous l'avons dit, ces tentatives ont été rares, peu favorisées et même combattues autrefois par les chefs du parti ; elles n'ont donc eu jusqu'ici que la portée de manifestations personnelles prouvant simplement que l'on peut lever le drapeau de l'Empire, même dans les citadelles républicaines, mais n'ayant à aucun degré entamé les convictions des classes ouvrières.

Le gros contingent des bonapartistes militants se compose, à Paris, d'hommes qui appartiennent à la très petite bourgeoisie. Parmi eux, un grand nombre d'anciens employés de l'Empire, destitués ou en retraite, le personnel des châteaux et des palais de l'Empereur, des sergents de ville révoqués comme suspects, un assez grand nombre de domestiques, quelques patrons qui dirigent de petites industries, le tout très ardent et très disposé à payer de sa personne.

L'amour de ces braves gens pour l'Empire tient souvent à des considérations d'intérêt personnel, mais cet amour s'est épuré et s'est transformé en une sorte de religion. La plupart sont en contact fréquent avec des républicains, et avec des républicains peu courtois ; ils ont subi depuis dix ans une quasi-persécution ; beaucoup ont payé leurs convictions de la perte d'un emploi lucratif ; tous ont supporté des affronts et des attaques. Leurs opinions ont donc pris des allures martiales, et plus on est enflammé, plus on a de chance de leur plaire. Leur apôtre de jadis, leur Messie d'aujourd'hui est M. Paul de Cassagnac. Ils l'aiment à cause de ses qualités et surtout à cause de ses défauts. Ce qu'ils admirent en lui, c'est que, vaincu, il sait prendre des attitudes de vainqueur; c'est qu'au lieu de se défendre, il attaque; c'est qu'il fustige ceux qui sembleraient être en possession de fustiger et que, maniant l'épée et la plume, il se sert de l'une pour conquérir la liberté illimitée de l'autre. Cela contente ces petites gens fatigués de trembler. M. de Cassagnac, en frappant un républicain important, venge toutes les injures que leur ont faites les républicains du commun : et quand il traite de haut M. Gambetta ou M. le président du conseil, les bonapartistes persécutés se redressent en face de M. le secrétaire du commissaire de police et mettent le poing sur la hanche devant le délégué du comité républicain.

Ce sont ces bonapartistes-là qui organisent des banquets et des manifestations, criant, courant, se multipliant, suppléant par le mouvement et le bruit à leur petit nombre.

Que de dévouements généreux! quelle ardeur! que d'illusions aussi! Du vivant du Prince Impérial, ils vous disaient à l'oreille : « C'est pour la semaine prochaine. » Ils vous racontaient mystérieusement que tel général était « dans l'affaire ». On souriait sans essayer de les détromper et l'on se sentait parfois ému en face de cet enthousiasme naïf.

Au-dessus de cette légion d'exaltés se place un état-major beaucoup plus raisonnable et prudent. Il se compose d'abord de quelques personnes riches tenant à l'ancienne cour impériale et formant une société élégante et exclusive, sorte de faubourg Saint-Germain de nouvelle date, qui considère avec un peu de dédain le monde républicain et ses splendeurs, comme la vieille noblesse française considérait jadis avec mépris les premières fêtes des Tuileries et les commencements de Compiègne.

Dans ce monde aimable, on vit entre soi, avec des regrets discrets et des tristesses peu cruelles ; les femmes arborent galamment le bouquet de violettes et les hommes s'inscrivent largement aux souscriptions électorales.

Moins calme se montre le clan des « destitués » ; le spectacle y est plus triste, car il y sévit une proscription d'une espèce particulière, la proscription par l'oubli. Oui, ils sont des proscrits, ces pauvres gens que le gouvernement laisse paisiblement enrager et maudire. Exilés, ils exciteraient la pitié, emprisonnés, ils seraient logés et nourris. Libres et habitant leur pays, ils ont le loisir de regretter sans qu'on les plaigne et de mourir de faim sans qu'on s'en aperçoive. Quelques-uns se sont accrochés à une place de député ; d'autres utilisent dans de trop rares journaux une plume souvent peu expérimentée ; la plupart attendent, et c'est une triste profession.

Enfin, voici les heureux, ceux que l'adversité a plus servis que n'eût fait sans doute la victoire : écrivains en vogue, devenus populaires par la contradiction ; députés qui doivent leur nomination à ce que leur parti est renversé, car leur parti debout et puissant ne les eût pas désignés aux suffrages ; anciens ministres, relégués à l'écart du vivant de l'Empire et ayant repris de l'importance depuis que l'Empire est mort. Phalange fort animée, fort gaie, supportant sa défaite prospère avec philosophie et désirant patiemment le jour du triomphe.

En province, l'armée militante se manifeste aussi avec un groupement identique, mais dans des conditions plus subalternes. Les chefs sont absents ; pourtant on y rencontre, ce qui ne se voit guère à Paris, quelques bourgeois influents, quelques grands propriétaires acharnés à la propagande, bien qu'ils n'aient appartenu à l'Empire ni comme fonctionnaires, ni comme invités.

Placerons-nous dans l'armée bonapartiste militante le groupe des « suspects » ? Nous ne l'eussions certes point fait il y a dix mois ; mais aujourd'hui la situation est quelque peu modifiée.

Quels sont ces suspects? Des hérétiques, qui ont été par conséquent bien plus détestés par les orthodoxes que les infidèles eux-mêmes. Nous y rangeons tous ceux qui savent parler d'un républicain sans en faire précéder le nom d'une épithète colorée; tous ceux qui respectent la République votée par le peuple en vertu de la souveraineté du peuple; tous ceux qui blâment l'intervention d'un vocabulaire trop énergique dans les discussions législatives; tous ceux qui, s'en tenant aux traditions impériales, considèrent comme leurs pires ennemis les légitimistes et les orléanistes; tous ceux qui voudraient voir les bonapartistes se joindre aux républicains et les devancer dans les réformes démocratiques; tous ceux qui conseillent aux bonapartistes de reprendre les idées économiques de Napoléon III et de concentrer sur ce point le grand effort de leur propagande; tous ceux qui veulent l'Église romaine strictement soumise au Concordat et par conséquent fortement maintenue par l'État; tous ceux qui souhaitent que la jeunesse française soit élevée dans le respect des principes sur lesquels s'appuie le droit public moderne; tous ceux en un mot qui prétendent fonder un empire et non une monarchie mal déguisée sous une théorie spécieuse d'appel au peuple.

Ces suspects qui n'osaient plus jadis se dire bonapartistes parce qu'ils voyaient un abîme se creuser entre eux et les partisans bruyants de l'Empire, sont-ils aujourd'hui autorisés à prendre leur place dans la phalange militante ? Nous le croyons.

S'ils étaient ambitieux, ils réclameraient la plus large part d'influence, et le jour où la politique qu'ils ont toujours préconisée sera entièrement adoptée (ce qui viendra), le jour où le parti bonapartiste, sans exception, reconnaîtra qu'il a souvent fait fausse route, les suspects auront le droit de dire : « Nous avons vu juste avant vous : à nous aujourd'hui de vous montrer le chemin. » Mais ces pauvres suspects sont plus modestes. Tout ce qu'ils demanderont, c'est le droit d'élever la voix à leur tour. Car, après dix années de fautes qu'ils ont prévues et signalées l'une après l'autre, ils mériteront peut-être autant de confiance que les gens qui sont devenus illustres parce qu'ils se sont toujours trompés.

En tête de ces divers groupes bonapartistes, marchent des chefs fort indépendants les uns des autres.

Le groupe des « destitués » a reconnu et reconnaîtra toujours l'autorité de M. Rouher. M. Rouher s'en défend; mais il est condamné à l'omnipotence à perpétuité. Que pourrait faire sans ses conseils toute cette tribu de désolés qu'il a pris jadis dans l'obscurité, qu'il a portés au faîte et qui se sentent incapables d'y remonter tout seuls. Près de lui, qu'ils appellent le « ministre », ils ont encore l'illusion d'appartenir à une hiérarchie. Ils lui obéiront en tout, sauf quand il leur ordonnera de ne pas lui obéir.

Qu'est donc M. Rouher, dont l'influence sur les débris chaque jour plus rares de la vieille administration bonapartiste reste indestructible? Est-ce un « éminent avoué » comme l'a dit quelqu'un de cruel? Mieux que cela : c'est un grand avocat ; mais un avocat du temps passé, sachant par le menu les affaires de son client, le suivant pas à pas dans la vie, disposé à le défendre envers et contre tout, même contre l'évidence, entrant en un mot « dans la peau » de ce client au point de prendre parfois ses propres pensées pour celles de cet autre lui-même. Et cependant ce grand défenseur de là cause impériale n'a rien d'un bonapartiste. En cela il montre justement sa souplesse d'avocat. Il ne ressent aucune de ces ardeurs démocratiques, de ces aspirations à l'utopie qui sont inhérentes aux gens épris de césarisme. C'est au fond un parlementaire modéré, soucieux des détails, peu enclin aux conceptions vastes et théoriques. Il eût fait sous Louis-Philippe un ministre de premier ordre. Du reste, là est peut-être le secret du rôle utile qu'il a joué auprès de Napoléon III dont son esprit pratique

tempérait les rêveries ; mais c'est là aussi la raison du peu
d'élan qu'il a donné à la cause bonapartiste lorsqu'il
en est devenu l'arbitre. Il l'a gérée prudemment,
sagement, en bon père de famille, dirigeant de petites batailles locales sur tous les points de la France,
enregistrant, classant, surveillant ; mais il n'a pas eu
de vues d'ensemble, mais il n'a jamais conçu un programme de restauration capable d'enflammer les âmes
et d'engager des milliers d'hommes à donner leur
vie pour une idée noble.

Tout autre apparaît M. Paul de Cassagnac. Nous
avons déjà dit de quels soldats est formée la troupe qu'il
commande. Il est l'incarnation même des passions ar-
dentes de ces soldats. Frapper fort, tout est là. Sans
doute on désire réussir, mais c'est le but secondaire et lointain. Blesser ceux qu'on exècre, voilà le
but principal et prochain. Pour y parvenir, on frappe
en compagnie de n'importe qui, pourvu qu'on frappe.
Si les compagnons de combat sont compromettants,
on ne s'en inquiète pas ; de temps en temps, par exemple, on leur décoche un bon coup dans la bagarre :
c'est toujours agréable à donner. Et non seulement on
frappe sur les ennemis, sur les alliés, mais on frappe
encore sur les amis qui pensent qu'il est inutile de
tant frapper. Tout cela crânement, au risque de sa peau,

avec une verve intarissable. Ce moulinet continu excite d'abord l'admiration, puis l'étonnement, puis la stupéfaction. Enfin l'on ferme les yeux et l'on s'en va étourdi, tandis que la foule enthousiaste pousse des cris non interrompus de « Vive Cassagnac ! »

Voici venir M. Amigues, un prophète. M. Amigues prend peu à peu son rang en tête de l'armée militante bonapartiste. Lui seul, parmi les bonapartistes, a eu parfois quelque action sur les ouvriers, non point sur les ouvriers de Paris, mais sur les ouvriers de province qui croient encore vaguement aux sorciers. Nous avons dit que les braves gens dont M. de Cassagnac est l'idole font du bonapartisme une religion, M. Amigues est le grand prêtre de cette religion. Sans doute l'idole a jadis vigoureusement maltraité le grand prêtre ; mais s'il fallait se souvenir de ces détails, en ces temps de mêlée et de horions, on ne parlerait plus à personne.

Enfin, en avant du groupe des « suspects » on pourrait placer M. Raoul Duval. Ce qu'on peut dire de plus juste sur M. Raoul Duval, c'est tout simplement qu'il est un « bon esprit ». Il pense bien, il voit bien, il parle bien. Avec cela, dans un temps où les hommes sont livrés à tous les caprices de leur imagination, de leurs impressions, de leurs enthousiasmes ou de leurs animosités, on peut mener le monde.

Le joueur qui apparaît autour du tapis vert à l'heure de l'affolement général, quand gagnants et perdants sont en proie à la fièvre du désespoir ou de l'exaltation, s'enrichit infailliblement; tel l'homme politique, auquel il reste encore quelque sang-froid en ces heures de confusion a grande chance de demeurer maître du terrain. Il semble que M. Raoul Duval n'ait pas du tout perdu la tête : c'est rare, et il pourrait bien gagner la partie.

III

Le Prince Napoléon.

Maintenant que nous connaissons l'effectif du parti bonapartiste, regardons l'homme que le hasard lui a donné tout à coup pour chef. Il semble que le sort ait pris à tâche de vexer à la fois et de sauver ce pauvre parti bonapartiste, en lui imposant le maître le plus opposé aux tendances, aux préférences, au tempérament de ce parti, et par conséquent le chef le plus propre à en balancer les défauts et à en réparer les fautes.

Que souhaiteraient en effet les bonapartistes d'action ? D'avoir à leur tête un homme semblable à eux, c'est-à-dire plein d'enthousiasmes et de haines, prodigue de belles phrases, acceptant les idées sonores, emporté, enfiévré, empanaché.

Au lieu de cela, voilà que toute leur fougue vient se heurter contre la volonté froide d'un penseur réfléchi et investigateur.

C'est en effet la première qualité de l'esprit chez le Prince Napoléon, d'être essentiellement critique.

Le Prince ne s'est jamais payé de grands mots et de lieux communs. Depuis trente ans il a voulu pénétrer le sens des mots et peser les idées ; il y a réussi.

Ce goût pour la recherche critique a été favorisé chez lui par deux circonstances heureuses. Le Prince s'est trouvé placé au plus haut rang, de sorte qu'il a pu examiner toute chose à son gré, interroger les hommes supérieurs, voir sans voile les rouages de la politique. D'autre part, n'ayant pas d'ordinaire exercé activement le pouvoir, il a eu le loisir de juger avec soin et la liberté d'apprécier avec impartialité. Un esprit pénétrant et peu respectueux des idées reçues arrive dans de telles conditions à un degré extraordinaire d'acuité. De là l'impression profonde que cause la conversation du Prince, impression qui le fait reconnaître non pas seulement comme un causeur brillant, mais comme un homme pourvu d'une remarquable justesse de vues. Qu'il s'agisse de science, de philosophie, d'histoire ou de législation, il va droit à l'objection capitale, il l'aborde de front, il l'accepte ou la rejette sans autre guide que son imperturbable bon sens.

Ce qui frappe aussi, comme qualité distinctive de l'esprit chez le Prince, c'est la bonne foi. Il est peut-être le seul homme politique de notre époque qui, mêlé directement aux choses d'État, les juge sans se préoccuper de l'intérêt qu'il peut y trouver personnellement ; le seul qui cherche à résoudre les questions par la solution vraie, sans s'inquiéter de savoir si cette solution lui sera ou non profitable à lui-même.

. Là est le secret de l'impopularité où le tenaient certaines gens qui n'admettent pas qu'on aille à la vérité sans ménagements et sans ambages ; le secret de cette incroyable immobilité d'opinion que rien chez lui n'a jamais su fléchir. Là sera surtout le secret des conséquences considérables qu'aura son intervention dans les choses politiques, si jamais les circonstances lui réservent le premier rôle.

Regardez le Prince Napoléon quand une discussion s'élève autour de lui. Il est assis ; il écoute. Il laisse les arguments se produire des deux côtés sans paraître prendre parti. Tout au plus sollicite-t-il, par une interruption brève, une explication plus complète de la part d'un des interlocuteurs. S'intéresse-t-il à la question qui se débat ? Ceux qui le connaissent peu pourraient en douter ; ceux qui le connaissent bien savent qu'il s'intéresse à tout.

Puis la discussion semble épuisée ; les adversaires présentent leurs arguments sous un nouvel aspect, mais on sent qu'ils n'ont plus de munitions nouvelles. C'est alors que le Prince Napoléon intervient. Il se lève et parle en marchant, s'arrêtant de temps en temps, suivant pour ainsi dire le rhythme de sa pensée, s'agitant ou se calmant avec elle.

Le Prince a su conquérir la vérité sur la plupart des questions, avons-nous dit, et l'on s'en aperçoit en l'écoutant. Mais c'est surtout le mécanisme des gouvernements qui lui est familier.

Comment en serait-il autrement ?

N'a-t-il pas siégé à diverses reprises dans des chambres républicaines ? n'a-t-il pas fait partie des oppositions ? ne connaît-il pas leurs manœuvres, leurs procédés toujours identiques, leur mode d'attaque sans cesse renouvelé ? D'autre part, n'a-t-il pas vécu auprès d'une monarchie absolue ? n'en a-t-il pas saisi les avantages et les défauts ? n'a-t-il pas essayé de la tempérer par ses conseils ? n'en a-t-il pas examiné les agents à l'œuvre ? n'a-t-il pas regardé de haut les moyens employés et jugé les fautes commises ? Qui mieux que lui appréciera les institutions parlementaires, lui qui les a vues se reformer avec ses amis, qui a assisté à leur enfantement, qui a constaté bientôt leurs dangers? Et dans tout cela, aucune responsabilité personnelle. Semblable à ces amateurs habiles qui indiquent à l'auteur une scène défectueuse, soulignent un effet nouveau que l'acteur a négligé, témoignent discrètement leur satisfaction ou leur désapprobation, il a assisté à toutes ces péripéties avec la tristesse d'un patriote, mais avec la fermeté d'un philosophe.

.Et les questions de politique extérieure, qui les connaît mieux que lui? Ici il a joué un rôle plus actif.

N'a-t-il pas été l'âme de cette large politique qui eût amené, si on l'eût suivie jusqu'au bout, une paix européenne durable ? Le nom du Prince Napoléon restera avec celui des deux génies de ce siècle qui ont mis en œuvre l'idée des grandes nationalités, avec celui de Bismarck et de Cavour. Si la France n'a pas tiré de cette idée des nationalités le parti que voulait la logique, c'est que le Prince n'avait pas dans son pays la prépondérance que ses émules possédaient dans le leur. Que de bienfaits et que de richesses l'entente absolue entre ces trois hommes n'eût-elle pas procurés à notre patrie ! Que l'on s'imagine la politique du Prince Napoléon adoptée par l'Empereur ; qu'on suppose le pouvoir temporel abandonné par la France après Solférino : l'alliance de la France et de l'Italie devenue définitive, assurait à notre pays une prépondérance absolue en face de nations divisées entre elles.

C'est le Prince Napoléon qui, pendant de longues années, a défendu cette politique ; qui, avec toute sa conviction, toute son éloquence, s'est efforcé de battre en brèche une influence plus intime et plus puissante. Sans doute il a révélé les grandes lignes de son œuvre à la tribune française, en 1876 ; il a su dire et prouver à la face de l'Europe que la politique suivie en Italie avait été la cause de la perte de nos provinces et de nos milliards. Mais que sont ces affirmations, toutes concluantes cependant, à côté de ces mille récits, de ces détails caractéristiques, de ces anecdotes probantes jetés par le Prince dans une conversation familière.

On le voit alors, penseur profond et négociateur infatigable, devenir l'apôtre de son idée. Il en médite d'abord l'utilité générale ; il en examine tous les aspects et toutes les conséquences. Il a compris que là sont le salut et la paix de ce siècle. Il a vu que les mille frontières percées par d'innombrables voies de communication ne peuvent plus subsister, que les peuples de même langue et de mœurs identiques ne sauraient rester étrangers les uns aux autres lorsque les distances, qui seules les séparaient, ont été supprimées. Il sent que ces peuples se grouperont de bon gré ou de force, et il veut que ce soit de bon gré.

L'idée a saisi son esprit sous la forme de nécessité humanitaire; il l'examine maintenant au point de vue de son propre pays. Il faut qu'elle serve à ce pays, indirectement d'abord, par la stabilité pacifique qu'elle donnera à un nouvel équilibre européen, fondé désormais non point sur de vains et fantasques traités, mais sur des bases solides et réelles. Puis il faut qu'elle serve directement à la France en lui restituant ce que le principe même des nationalités lui accorde, c'est-à-dire les contrées où coulent nos fleuves et les hommes qui parlent notre langue. Voilà l'idée complète, l'idée acceptée par un esprit de bonne foi, l'idée considérée sous son point de vue général et sous son aspect patriotique. Le Prince veut alors que l'idée triomphe. Il a pour lui l'Italie entière, ardente, enthousiaste. Il devient Italien d'adoption en épousant la fille du Roi d'Italie. Il a pour lui l'Allemagne plus hésitante, divisée, inquiète, méconnaissant encore le génie puissant de M. de Bismarck. A côté de lui il a l'Empereur. L'Empereur est avec le Prince Napoléon par ses aspirations, par son passé, par ses rêves; il est contre le

Prince Napoléon par ses hésitations, par son entourage, par ses affections. Drame étonnant qui dura dix années ; drame plein de péripéties où, soutenant seul le poids d'une idée juste, le Prince Napoléon crut cent fois réussir, où le succès fut presque chaque jour à la portée de l'Empereur, et où, toujours indécis, flottant entre des conseillers divers, Napoléon III attendit jusqu'au moment où sa chute fut plus lourde que s'il eût adopté franchement un parti quelconque, même le plus mauvais ! Drame qu'il faut entendre raconter à son principal héros, au Prince Napoléon. Drame où le comique touche au tragique et où le dénouement lugubre peut être prévu dès le premier jour. Drame qui, s'il était bien connu, révélerait le Prince Napoléon, dans toute l'ampleur de sa pensée et de son bon sens. Aussi que de fois ceux qui entendirent le Prince rappeler ces souvenirs, souhaitèrent que les murs de l'étroit salon disparussent et que la nation entière pût écouter l'homme qui seul défendit pendant tant d'années nos véritables intérêts !

Ainsi le trait distinctif du caractère du Prince, c'est qu'en quelque question que ce soit, il a toujours cherché la vérité, fût-ce au détriment de sa popularité immédiate. Mais une fois qu'il a eu trouvé cette vérité, il s'est attaché à elle avec la passion que d'autres mettent à satisfaire leurs ambitions ou leurs haines.

C'est là le contraste singulier que présente le caractère du Prince, contraste qui fait que lui, l'homme le plus connu du monde, en est le plus inexactement jugé.

Pour les uns, c'est un sceptique, englobant tout dans un doute dédaigneux; c'est un hésitant, un indifférent. Pour les autres, c'est un emporté, un ardent, un exalté.

Il est tout cela à la fois: sceptique devant ce qui ne lui apparaît pas lumineux et évident, dédaigneux des opinions toutes faites, indifférent aux règles généralement admises; ardent jusqu'à la passion pour ce qu'il croit juste et défendant ce qu'il estime être la vérité avec l'emportement qu'il a mis à le trouver.

Aussi sa vie intellectuelle a-t-elle eu une extraordinaire unité. Ce qu'il disait aux assemblées républicaines de 1848, il l'a répété sous l'Empire, alors qu'il était premier prince du sang; il l'a redit, quand il se trouvait en guerre ouverte avec le parti bonapartiste, et il ne l'a pas démenti depuis que ce parti place en lui toute son espérance.

C'est que le Prince Napoléon est avant tout un penseur; c'est que le sentiment et l'impression n'ont pas de prise sur lui; c'est que, chose rare, il interroge patiemment et scrupuleusement sa raison et que, dès qu'elle a répondu, il se soumet à elle. Que peuvent faire contre des convictions ainsi rassemblées les variations de fortune, de rang et d'intérêt ?

Un penseur ! oui, disent certaines gens en parlant du Prince Napoléon ; un homme politique ! non. Pour faire de la politique il ne suffit pas de rechercher la vérité ou même de la rencontrer ; il faut savoir cacher cette vérité, afin d'attirer à soi ceux qui ne la comprendraient pas. Il faut soumettre ses convictions aux circonstances, aux préférences publiques, aux nécessités de l'opportunité.

Cela peut être exact s'il s'agit d'une politique de détail, si par exemple un ministre veut se maintenir aux affaires, ou si un groupe d'opposition prétend renverser un ministère.

Il en est autrement s'il s'agit de la politique générale, de cette politique qui doit avoir de l'action sur un grand peuple. Là, les idées justes prévalent tôt ou tard. Elles ont leur heure, et cette heure semble approcher pour le Prince Napoléon.

La fortune politique veut, il est vrai, qu'on la courtise. Rarement elle porte au premier rang celui qui ne lui a jamais rien sacrifié. Mais le jour où, par quelque caprice, elle se départit de ses exigences, le jour où elle met très haut celui qui a gardé intactes sa pensée et sa raison, qui n'a point prostitué pour arriver au pouvoir tout ce qui rend le pouvoir fécond; ce jour-là, elle permet à celui-là et à celui-là seul d'accomplir de grandes choses, car il peut appliquer sans hésitation les fruits d'une pensée longuement réréfléchie et constamment immuable.

IV

Comment le parti bonapartiste est-il venu au Prince Napoléon?

Lorsqu'on apprit dans le parti bonapartiste militant, qu'il fallait définitivement reconnaître pour chef le Prince Napoléon, ce fut une confusion extraordinaire. Les plus habiles s'étaient trompés, car beaucoup avaient dit au premier jour : « On ne se ralliera pas autour du Prince, on trouvera autre chose ; » et l'on n'avait rien trouvé.

M. de Cassagnac avait d'abord défendu une théorie ingénieuse, bien qu'elle semblât contraire à ce qu'il avait enseigné autrefois. Pour lui l'hérédité n'existait guère ; on avait le droit de choisir son chef en vertu du système plébiscitaire, et il se réservait d'accepter le Prince Napoléon le jour seulement où celui-ci lui donnerait les garanties nécessaires. C'était faire table rase et considérer l'Empire comme une simple République pourvue d'un président à vie. M. de Cassagnac ne paraît pas avoir persisté dans cette théorie.

D'autres, sans supprimer aussi radicalement le droit constitutionnel de l'Empire, voulaient que le Prince Impérial eût, par une sorte de note qu'ils qualifièrent de codicille, placé le Prince Victor au lieu et à la place du Prince Napoléon, et essayèrent de créer un parti au nom d'un nouveau prétendant. Mais ils furent fort empêchés en voyant l'insuccès complet de leurs imaginations auprès du Prince Victor. De plus, ils trouvèrent dans la Constitution un article qui interdisait au Prince Impérial de faire cette substitution, en admettant qu'il y eût jamais songé. Seul, M. Amigues est resté fidèle à cette fantaisie constitutionnelle, et l'on s'en montre étonné. On aurait compris, en effet, que cet expédient eût pris naissance dans l'esprit d'un conservateur acharné, décidé à tout pour exclure un prince suspect de tendances démocratiques. Mais il paraissait étrange que M. Amigues, connu par ses antécédents ultra-démocratiques, ne fût pas le premier à acclamer le Prince Napoléon. Ce mystère n'a pas encore été percé.

En somme, toutes ces subtilités s'évanouissaient dans la pratique. Que la théorie plébiscitaire permît ou non d'écarter le Prince Napoléon, que la constitution impériale admît ou non l'ingérence du Prince Victor, ou de tout autre, il fallait bien reconnaître que l'on ne trouvait personne pour remplacer le Prince Napoléon, que celui-ci était donc le seul homme au monde autour duquel le parti bonapartiste pût se grouper ; et le parti bonapartiste s'approcha..... un peu penaud.

Il fallait bien qu'il s'approchât. Qu'auraient fait en effet les ex-sergents de ville, les préfets destitués, les belles dames à bouquets de violettes, les publicistes éloquents et les députés, jeunes ou vieux, sans le Prince Napoléon ? Au nom de qui tenter des manifestations ? à propos de qui espérer un renouveau ? en l'honneur de qui fleurir son corsage ? au sujet de qui écrire des tirades virulentes et surtout quel avenir promettre aux électeurs si l'Empire futur manquait d'Empereur ? On s'approcha donc, mais de mauvaise grâce.

C'était une nouvelle maladresse.

Sans doute le rapprochement était pénible. Les bonapartistes avaient un peu de peine à pardonner au Prince les torts qu'ils avaient eus à son égard. De sorte qu'ils vinrent l'oreille basse et que certains le montrèrent.

Du moment où ils ne pouvaient pas se passer de lui, leur attitude était cependant tout indiquée. Ils devaient se relever tout radieux sur leur chemin de Damas, éblouis d'une clarté soudaine, en s'écriant que par une admirable coïncidence, ils avaient vu la vérité le jour même où cette vérité se trouvait d'accord avec leurs intérêts. Ils auraient dû s'écrier : « Prince, vous avez eu raison, seul contre tous. En vous est la vérité et la vie, commandez, nous vous obéirons. »

Mais c'eût été trop habile. Ils préférèrent venir pas à pas, l'un après l'autre, montrant leurs hésitations et sommant plus ou moins ouvertement le Prince de leur faire sa soumission.

La tenue du Prince fut exquise. Il les écrasa de son imperturbable bienveillance. Il reçut avec le même sourire (ce sourire inquiétant qu'on n'oublie pas quand on l'a vu une fois) les indifférents, les repentants et les ennemis.

Il eut la même bonne parole pour ceux qui l'avaient trahi, pour ceux qui l'avaient combattu, pour ceux qui l'avaient insulté. Et par cette superbe bonté il se vengea de la bonne façon.

Ceci fait, il ne dit mot et laissa les autres parler.

Ils parlèrent beaucoup, et ce fut un beau spectacle fait à souhait pour ravir un philosophe. Les bonapartistes déclarèrent qu'ils n'abandonnaient aucun de leurs principes d'autrefois, qu'ils demeuraient immuables comme des rocs; puis ils affirmèrent qu'ils étaient sur tous les points d'accord avec le Prince. Merveilleux résultat! En effet, comme évidemment le Prince n'avait pas démenti ses propres idées puisqu'il n'avait pas ouvert la bouche, il advenait que, nul n'ayant bougé, on se trouvait tous réunis, bien qu'on semblàt récemment se tenir aux deux bouts de l'horizon.

C'est l'état-major du parti qui vint le premier, les députés en tête; les abstentions furent peu nombreuses.

Le Prince avait dejà du reste, parmi les meilleurs esprits du parti bonapartiste des adhérents... discrets. Beaucoup étaient fatigués d'une politique que n'aurait pas désavouée le parti légitimiste; beaucoup avaient été instruits par la sévère expérience du 16 mai; beaucoup s'inquiétaient et se demandaient si les tendances qui avaient rendu les légitimistes impopulaires ne feraient pas un tort semblable à la cause de l'Empire.

Du reste, la masse des électeurs bonapartistes de province pressait les députés de se rallier au Prince. Le nom de Napoléon avait son prestige; les souvenirs de la prospérité de l'Empire parlaient en faveur du Prince Napoléon, comme ils avaient parlé en faveur du Prince Impérial. De plus, dans certains départements, la réputation que possédait le Prince Napoléon d'être peu tolérant pour les empiétements du clergé servit beaucoup ses intérêts.

L'armée militante des bonapartistes de Paris se tenait dans une réserve plus grande. Les anciens fonctionnaires regardaient du côté de M. Rouher, attendant un ordre, alors que celui-ci ne leur donnait qu'un conseil. Cependant l'idée qu'en cas d'éventualité heureuse, ils regretteraient de n'être pas venus les premiers, les détermina l'un après l'autre. Le personnel de l'ancienne cour, n'ayant pas grand'chose à espérer, n'adhéra que par courtoisie, et conserva ses rancunes contre un Prince dont les idées politiques avaient toujours paru peu conformes aux lois de l'étiquette.

Restaient les bonapartistes exaltés.

Pour ceux-là le retour était vraiment douloureux. Marcher derrière un prince qui ne crie pas, qui ne parle même pas, qui ne favorise pas les manifestations, qui exècre le tapage, qui ne paraît jamais au balcon, qui ne fait pas de discours au peuple, qui n'a jamais déclaré que les républicains volaient les couverts d'argent et qui promet de ne proscrire personne, c'était navrant. Sans doute beaucoup de ces bonapartistes disent déjà qu'il faut reconnaître les droits du Prince, que le Prince s'est sans doute amendé, qu'on s'est trompé sur son compte, qu'il réalisera toutes les espérances. Mais le naturel reprend le dessus, et quand ils sont dix ensemble, les voilà qui jettent leur chapeau en l'air et qui poussent des hourrahs en l'honneur de celui qui la veille a affirmé le plus haut qu'il haïssait la république.

Et pourtant, tout étranger qu'il soit aux excitations de cette troupe exubérante, il suffirait peut-être au Prince Napoléon d'apparaître avec sa haute taille et son profil césarien en pleine lumière au milieu de ces exaltés, et de leur dire quelque phrase sonore pour qu'ils le portassent en triomphe.

Mais le Prince paraît peu soucieux de cette popularité.

Puisse-t-il n'exciter que le plus tard possible les enthousiasmes des bonapartistes exaspérés !

Sans doute, ce sont des cœurs très honnêtes et des bras très vaillants, mais, fût-elle composée de héros, cette poignée d'hommes ne servirait pas à grand'chose, et elle écarterait bien des gens modérés, bien des esprits sages, qui regardent du côté du Prince et qui attendent pour se décider de savoir s'il acceptera ou s'il abandonnera les traditions de violence.

L'adhésion sans réserve venant de cette troupe enthousiaste refroidirait la bonne volonté des citoyens paisibles qui veulent être gouvernés silencieusement, et qui se défient des chefs d'État trop amoureux de la grosse caisse.

Quant au chef reconnu des bonapartistes exaltés, quant à M. Paul de Cassagnac, on peut aimer ou désapprouver son attitude hardie, trouver que la façon dont il comprend l'Empire est juste ou fausse; mais il est impossible de nier que sa conduite vis-à-vis du Prince Napoléon n'ait été absolument logique. Pour M. Paul de Cassagnac, l'Empire représente la défense acharnée des intérêts religieux et conservateurs. Or, M. de Cassagnac a souvent déclaré avec une extrême vivacité que, pour lui, la façon d'agir du Prince Napoléon avait été toujours en opposition avec les intérêts conservateurs et religieux. Eh bien! s'il est juste que les démocrates du parti bonapartiste désirent passionnément l'avènement d'un prince qui, par tout son passé, semble représenter leurs principes, il est également naturel que M. Paul de Cassagnac ne veuille pas risquer sa vie (ce qu'il fait volontiers pour les causes qu'il défend) en faveur d'un prince dont le succès, si l'on s'en rapporte à des déclarations non démenties, ne serait peut-être pas le triomphe des idées qu'aime M. de Cassagnac. Bien loin de blâmer

M. de Cassagnac, les bonapartistes dévoués de longue date au Prince Napoléon doivent approuver hautement cette attitude. Et, de même qu'ils étaient fort près de s'éloigner jadis de l'Empire tel qu'on le leur promettait, de même, ils comprennent admirablement que M. de Cassagnac ne fasse rien en faveur de l'Empire tel qu'eux-mêmes le souhaitent.

Reste le groupe des « suspects ». Ceux-là ont de tout temps vu dans le Prince Napoléon leur chef naturel. Ils ont compris qu'il était la personnification même de la tradition napoléonienne. Ils ont désiré qu'il eût à faire prévaloir cette tradition parce qu'il l'avait scrupuleusement conservée et aussi parce qu'il possède toutes les qualités indispensables pour en assurer le succès. Les « suspects » ont eu foi dans l'intelligence du Prince, et leur foi n'a pas été déçue. Ils l'ont trouvé invariable dans l'adversité et dans la prospérité; ils savent que le pouvoir ne le changera pas, et depuis longtemps ils ont souhaité l'Empire parce qu'ils avaient reconnu qu'il y avait un Empereur.

Ainsi, le Prince Napoléon a entre les mains la plus grande partie des forces bonapartistes. Il en dirige absolument tous les éléments modérés; la plupart ont vu en effet qu'un accord était facile lorsqu'on s'entendait sur des points aussi importants que la souveraineté du peuple, le plébiscite, le suffrage universel, la nécessité d'un pouvoir fort et le maintien strict du Concordat.

Que fera le Prince de ce grand parti? Comment peut-il lui assurer la victoire?

V

La prise d'armes

Les partis ont deux moyens pour s'emparer du pouvoir : la force et la légalité. D'ordinaire la légalité ne suffit pas, par cette bonne raison que ceux qui occupent le pouvoir déclarent toujours très légalement que la légalité consiste à ne pas renverser le gouvernement.

Il est peu de pouvoirs assez naïfs pour ne pas introduire cette maxime dans la Constitution qui les régit. Si bien que chaque révolution qui triomphe s'opère nécessairement par la force.

Tout parti qui vise à renverser le gouvernement s'attend donc tôt ou tard à employer la violence. Aussi les partis ne sont-ils jamais assez maladroits

pour déclarer qu'ils veulent renverser le gouvernement. Ils affirment simplement qu'ils veulent l'amé-
liorer, et ils commencent son amélioration en en démo-
lissant les bases. Le gouvernement ainsi sapé croule
un beau jour sous un effort qu'on avait eu soin de
bien dissimuler et le parti qui lui succède se pro-
clame lui-même la légalité, jusqu'à ce qu'à son tour il
succombe sous la force.

Il était réservé à notre temps et à notre pays de voir
deux naïvetés absolument égales se produire contraire-
ment à tous les précédents.

La première de ces naïvetés, c'est que la République actuelle, sans doute parce qu'elle a été fondée
par des monarchistes, a admis tout béatement qu'elle
pouvait être renversée légalement. Si M. le Président
de la République provoquait la révision de la Constitution par un congrès et que ce congrès votât la sup-
pression de la République et son remplacement par
une Monarchie, la révolution aurait lieu légalement,
absolument légalement et l'on verrait un pouvoir en
renverser un autre sans employer la force.

Jamais pareille aberration n'avait encore présidé à
la formation d'un régime politique. Toutes les attaques, toutes les intrigues, toutes les injures sont par là
autorisées. Le plus acharné des ennemis peut répon-

dre à ceux qui le censurent : « J'ai injurié la République dans le but parfaitement légal d'amener son Président à convoquer le congrès et afin de persuader au congrès qu'il faut rétablir la Monarchie. »

Avec une telle arme toute opposition est licite, facile et fructueuse. Non seulement on peut déprécier à son gré la forme du gouvernement, mais on peut rassurer les bonnes gens qui voient toujours avec terreur l'éventualité d'une révolution violente ; on leur dit : « Que parlez-vous de révolution, nous voulons la révision légale de la Constitution. »

Et quand on s'adresse aux électeurs on s'écrie qu'on est non un factieux, mais un serviteur fidèle d'une Constitution qui a eu soin d'organiser en premier lieu sa propre destruction.

Mais l'aberration constitutionelle que nous signalons a été dépassée par l'erreur de certains ennemis de la République qui n'ont pas su se servir utilement d'une arme si imprudemment laissée entre leurs mains. Quoi ! par une exception unique ils se trouvaient, eux opposants, en possession de la légalité et ils l'ont abandonnée pour prêcher une révolte intempestive. Quoi ! ils peuvent provoquer au renversement légal de la République, avantage inouï de polémique et ils parlent de coup de force, d'insurrection et de violences !

Ils se trouvent dans une alternative évidente.

Admettons qu'ils aient les moyens d'accomplir ce coup de force ; qu'ils soient en état de soulever les masses populaires, qu'ils disposent de l'armée, des généraux, des soldats, qu'ils puissent dresser des barricades, faire descendre les ouvriers dans la rue, ou pousser les paysans à se blottir derrière les haies pour tirer sur M. le préfet. Eh bien ! en ce cas, qu'ils se taisent ! Ce sont choses qu'on fait parfois, mais qu'on ne dit jamais par avance. Il faut, au contraire, cacher sa force, et, au jour dit, entraîner des milliers d'hommes, se faire acclamer par les régiments soulevés et surprendre un gouvernement endormi.

Mais qu'on le sache bien, si l'on pouvait ameuter les faubourgs de Paris, si les soldats étaient disposés à crier « à bas la République ! » on ne ferait ni proclamation héroïque, ni appels à la force ; on s'organiserait en silence et l'on agirait. Seulement on ne peut accomplir rien de semblable, et l'on s'enivre soi-même de sa propre ardeur. A défaut d'armée, on a des tambours qui mènent grand bruit. Le parti bonapartiste a incontestablement de profondes racines en France ; il peut reconquérir une grande influence ; il doit la reconquérir. Mais il est de tous les partis peut-être le moins bien placé aujourd'hui pour faire un coup de force. Et c'est pour cela qu'on lui permet de parler de ce coup de force.

Quelques-uns de ses membres se laissent aller à cet égard à des illusions tout historiques. Le parti bonapartiste a réussi deux fois à accomplir des coups de force, parce que les circonstances étaient très différentes. En brumaire et en décembre, un Bonaparte avait le pouvoir. Mais pour parvenir au pouvoir, ce Bonaparte n'avait pas été assez naïf pour crier partout : « Je veux balayer la République, je veux disperser les représentants, je veux faire l'Empire. »

Comment tente-t-on un coup de force ? Par le moyen d'un pronunciamento ou par celui d'une émeute, par l'armée ou par l'ouvrier.

Eh bien ! l'Empire possède des adhérents nombreux ; mais a-t-il l'ouvrier, a-t-il l'armée ?

L'ouvrier ? Il n'est pas nécessaire de répondre ; les résultats électoraux dans les villes, à Paris surtout, sont péremptoires. Le parti bonapartiste forme parmi les électeurs des grandes villes une infime minorité.

Or comment faire une émeute sans les populations des grandes villes ? Supposons que les électeurs bonapartistes du Gers, des Charentes, de la Corse soient déterminés à prendre les armes : de quelle utilité serait leur levée de boucliers ? Il n'y a pas d'exemple

qu'une insurrection de paysans ait réussi? La chouan-
nerie poussée par un fanatisme inconnu aux paisibles
populations de nos départements n'a pas abouti.

Il faut, pour qu'une révolution réussisse, qu'elle
prenne naissance au sein des grandes villes, parmi
une population agglomérée, où en un instant les combattants se trouvent réunis par milliers, où, en un
coup de main, par surprise, en peut se saisir du siège
du gouvernement et empêcher les résistances subalternes en supprimant le moteur principal. Les paysans,
isolés, éloignés de la capitale, ne peuvent que se faire
tuer, et cela ne sert à personne.

Donc en fait de coup de force, pas d'émeute possible
pour le parti bonapartiste. Fera-t-il un pronunciamento? Où sont les généraux qui s'y prêteraient?
Les plus dévoués, les vieux serviteurs de l'Empire,
sont morts ou à la retraite; les nouveaux ont été
choisis parmi ceux que l'Empire avait dédaignés et
mécontentés. Les colonels actuels étaient simples
capitaines sous l'Empire; ils n'en ont pas reçu les
bienfaits et ils n'en voyaient que de loin les splendeurs.
Les autres officiers ont, pour la plupart, dû leur avan-
cement à la République; et le soldat, simple passant
qui pendant trois années traverse les casernes, n'est
enflammé que d'une seule passion, celle de rentrer

chez lui. Trouvez donc là des « prétoriens, » comme disent les républicains, capables de jouer leur tête pour fonder une monarchie !

Dans ces conditions, il n'y a pas de place pour un coup de force.

Oh ! l'on peut en parler ! cela n'a point d'importance puisque cela ne divulgue rien et ne saurait rien faire avorter.

Le seul inconvénient, c'est qu'il semble assez humiliant pour un parti qui se dit redoutable de toujours montrer le poing sans arriver jamais à frapper.

VI

La bonne politique

Donc on peut légalement remplacer la République !

Il est vrai que le Président de la République ne provoquera pas la révision de la Constitution et que le congrès, fût-il réuni dans ce but, formerait en faveur des institutions républicaines une majorité considérable.

Mais la République est-elle destinée à demeurer éternellement, parce que les coups de force ne semblent pas devoir l'atteindre et que d'autre part la légalité lui paraît favorable ?

Nullement, car la légalité peut se modifier et le pays est libre d'envoyer à la Chambre et au Sénat des représentants hostiles à la République. Là est non seulement le moyen honorable, mais le moyen unique de substituer à la République une autre forme de gouvernement.

Cela n'agrée pas beaucoup à l'impatience de quelques bonapartistes; car c'est une opération longue que de changer peu à peu par la persuasion l'opinion d'un pays. Mais comme il n'y a rien de plus prompt à tenter, il faut bien se résigner.

Les efforts des bonapartistes doivent donc converger vers un seul but : prouver au pays que le gouvernement de l'Empire vaut mieux que le gouvernement de la République.

Les républicains tiennent depuis longtemps déjà le pouvoir sans conteste. Qu'ont-ils fait ?

Ont-ils à l'extérieur restauré l'influence de la France ? Non, leur avis semble peu écouté dans les conseils de l'Europe; leurs représentants à l'étranger jouissent d'une médiocre autorité, et sont obligés de ménager d'excessives susceptibilités. En un mot on permet aux républicains d'exister, mais c'est tout.

A l'intérieur, une question vitale s'impose, la question du pain quotidien. En face de l'invasion redoutable des blés et des bestiaux américains favorisée par l'occupation du Far-West et par de nouveaux moyens de transport, en face de la concurrence effrayante que trouvent certaines de nos industries à l'étranger, une préoccupation domine tout : savoir dans quelles limites il faut protéger l'industrie du producteur, dans quelles limites il faut défendre les intérêts du consommateur ; de telle sorte que, le consommateur étant d'ordinaire producteur, on ne le ruine ni en augmentant trop ses dépenses, ni en réduisant démesurément ses gains. Quelles études approfondies ont donc fait les républicains au sujet de ces questions ? Quelles solutions y ont-ils apportées ? Si quelque agitation s'est produite à cette occasion, ce ne sont certainement pas les républicains absorbés dans les questions d'emplois à donner, de places à prendre, qui ont favorisé ce mouvement économique.

Nous ne parlons pas de ce qu'on appelle plus ou moins justement la question sociale.

La plupart des républicains ont pour principe qu'elle n'existe pas, c'est-à-dire que l'Etat n'a pas à intervenir dans les rapports du patron avec l'ouvrier, du propriétaire avec le cultivateur, du marchand avec l'acheteur, que la liberté remédiera à tout. Et pourtant, suivant eux, en matière d'instruction publique, par exemple, l'État a d'imprescriptibles droits et la liberté est subordonnée à l'intérêt général.

Cela doit donc être vrai en toutes matières.

Il serait oiseux de reprocher aux républicains de n'avoir pas encore résolu la question sociale, de n'avoir pas éteint le paupérisme, assuré aux travailleurs âgés ou infirmes l'assistance publique et à tout homme valide et laborieux un salaire suffisant pour nourrir sa famille. Il serait injuste de leur demander d'appliquer tel ou tel système que les diverses écoles socialistes préconisent comme une panacée, de leur imposer par exemple le crédit de l'Etat aux sociétés coopératives de production ou tout autre moyen de même nature. Mais la négation même de la difficulté, l'abstention voulue en face de la misère croissante, le mépris affecté de toutes les études dirigées vers une solution indiquent une indifférence poussée jusqu'à la cruauté et tendraient à prouver que dans le gouvernement des hommes, les républicains ont plutôt en vue l'avantage des gouvernants que celui des gouvernés.

Qu'a fait la République au point de vue de l'armée? Elle a réglementé et légiféré sans mesure, changé les uniformes, bouleversé la théorie et troublé le pays par des lois militaires oppressives. Quel résultat a-t-elle atteint ? Elle a créé une sorte de garde nationale composée de soldats adolescents, où à vingt-deux ans on passe pour un grognard, d'où les

sous-officiers se retirent avec empressement et que viendra renforcer une réserve plus encombrante qu'utile.

Pour arriver à ce résultat, la République a dépensé
des milliards, et imposé à chacun des charges personnelles exorbitantes.

La République s'est occupée de l'instructiou publique ? Qu'a-t-elle obtenu ? Elle a essayé de soustraire
les enfants du peuple à l'enseignement des frères de
la doctrine chrétienne et des religieuses. Pour quelle
raison ? Les générations d'électeurs qui aujourd'hui
soutiennent la République ont été élevés par les frères.
A Paris, notamment, l'enseignement primaire est en
grande partie aux mains des congréganistes, et cela
depuis de longues années ; or la République obtient à
Paris la majorité des suffrages. A quoi bon par conséquent changer cet enseignement au point de vue politique ? D'autre part l'excellence technique de l'instruction donnée n'est point contestée ; le niveau des
études est élevé. Est-ce donc favoriser l'instruction
primaire que de perpétuer cette lutte à outrance
contre les frères ?

L'enseignement secondaire donné par les congréganistes présente évidemment plus d'inconvénients
et l'expérience apprend que les élèves des jésuites
ou des séminaires sont la plupart du temps imbus

d'idées hostiles aux principes du droit politique moderne.

Que la République s'inquiète de cette situation, cela se conçoit ; qu'elle s'efforce d'entraver ce résultat, c'est son droit. Mais il ne faudrait pas employer dans ce but des expédients qui exaspèrent les catholiques, paraissent insuffisants aux libres penseurs, et n'auront dans la pratique aucune efficacité réelle.

Quant à la magistrature, la République, à force de maladresses, l'a poussée à la révolte, alors que cette compagnie était parfaitement disposée à la soumission. Jamais aucun gouvernement ne s'était brouillé avec la magistrature fort résignée d'ordinaire à l'obéissance. Il va falloir la réorganiser, c'est-à-dire y introduire des hommes sans expérience, des politiciens ignorants, qui n'inspireront confiance qu'à des sectaires de leur espèce.

Le clergé, mal contenu et livré à une intempérance de langage qu'on ne sait pas réprimer, est cependant hostile. On l'inquiète, on le harcèle, sans réussir à le maintenir. Il a les avantages de la persécution et ceux de la protection. Jamais il ne fut plus fort et plus agité. Il est le centre de tout le mouvement de mécontentement.

Aussi, abaissement à l'extérieur, inquiétudes économiques à l'intérieur, misère croissante de l'ouvrier et du paysan, absence d'une armée solide, irritation des catholiques, hostilité de la magistrature et du clergé, tout concourt à mettre en suspicion le régime républicain.

A-t-on le droit d'espérer que cette situation se modifiera quelque jour? Peut-on croire que les républicains surpris de leur victoire ont employé deux années à s'organiser, à « épurer » comme ils disent, c'est-à-dire à former une administration sûre, avec l'aide de laquelle ils feront de grandes choses? Comment le supposer quand on voit qu'aucune des questions vitales ne les préoccupe, même pour l'avenir, et que tout présage un combat interminable où les modérés et les violents se disputeront le pouvoir avec des chances à peu près égales de succès. De sorte qu'après avoir passé dix années à savoir si un parlementarisme étroit et mesquin aurait l'étiquette républicaine ou l'étiquette monarchiste, la France va, pendant dix nouvelles années, se demander si cette république sera stationnaire ou progressiste, si elle appartiendra aux gens qui n'ont pas de programmes ou à ceux qui en ont trop. Vingt années ! ce n'est rien dans la vie d'un peuple, mais c'est beaucoup dans l'existence d'une génération. Car si les générations vivent un peu pour leurs descendants, elles vivent beaucoup pour elles-mêmes.

Or un homme arrivé en 1870 à la grande virilité politique, c'est-à-dire à l'âge de trente ans, est donc condamné à attendre sa cinquantième année sans avoir appliqué son énergie à autre chose qu'à des querelles de personnes, à des luttes de groupes parlementaires, à des va-et-vient de ministères. La génération virile de ce temps s'épuisera à fabriquer l'outil républicain sans en faire jamais un usage sérieux.

Les conservateurs préfèrent cette impuissance à la mise en pratique d'une série de réformes profondes. Ils se trompent. Une telle inertie peut un jour exaspérer le pays et mettre le pouvoir aux mains de forcenés qui, dans leur rage de changement, prendraient le désordre pour l'organisation et la démolition pour la reconstruction.

Si cela ne se produit pas, nous sommes destinés à voir s'éterniser ce que les républicains eux-mêmes appellent le gâchis.

Et dans de telles circonstances, on ne verrait pas d'une manière lumineuse comment le pays se dégoûtera de la République, comment il choisira peu à peu ses représentants parmi les adversaires de ce régime, et comment un jour une mesure légale pourra prononcer la déchéance !

La seule chose à redouter, c'est que les partis antirépublicains n'inquiètent le pays à tel point que celui-ci ne leur préfère la République, tout impuissante qu'elle paraisse. Ils ont tous fait de grandes fautes ; mais le parti bonapartiste semble aujourd'hui en position de réparer les siennes. Qu'il profite d'une occurrence favorable ; et surtout qu'il évite d'user ses forces en polémiques intestines. Tous les partis ont une droite et une gauche. Pourquoi le parti bonapartiste n'aurait-il pas des fidèles qui accepteraient les idées de conservation, tandis que d'autres préféreraient les réformes sérieuses ? Sans doute il est dur pour ceux qui ont possédé dans ce parti toute l'omnipotence, qui l'ont dirigé à leur gré dans le sens de leurs préférences, de voir que l'équilibre va se rétablir. Il est dur surtout pour eux de reconnaître un chef qui n'a pas fait mystère de son opinion et duquel on n'arrache pas une retractation. Mais ce coup fatal ne pouvant être esquivé, vaut-il mieux récriminer, se débattre, avancer d'un pas pour reculer de deux, ou se ranger définitivement sous un drapeau qu'on ne veut pas abandonner ?

Il y avait un moyen de trancher la difficulté,

c'était de s'en aller aux partis plus franchement conservateurs et religieux. On l'eût fait avec une honorabilité et une logique parfaites. Nul ne l'a voulu. Eh bien ! si l'on reste, il faut se résigner.

Se résigner à voir des modifications importantes se produire dans la politique des hommes de l'Empire ; à voir les questions de réformes prendre la meilleure part dans les préoccupations du parti bonapartiste, et les alliances d'autrefois se dénouer et disparaître. Il faut surtout se résigner à ne pas commander à son chef, ce qui semblerait particulièrement étrange dans un parti qui préconise le pouvoir absolu.

Le parti bonapartiste a besoin pour agir sur les masses d'une direction très précise. Car s'il en est réduit à ses propres forces, il semble perdu. Que le Prince Napoléon ait derrière lui le quart des électeurs français qui vote pour le retour de l'Empire, ou qu'il soit absolument isolé, sa situation reste la même. Il faut donc que le parti bonapartiste recrute des adhérents. Eh bien! de quel côté devra-t-il faire fructueusement de la propagande? Conquérir le parti légitimiste? Il le pourrait peut-être, nous n'en disconvenons pas. Certaines personnalités trop engagées feraient la sourde oreille, mais un empire tout à fait soumis au clergé entraînerait un grand nombre de légitimistes qui, en désespoir de cause, viendraient à César, tout en détestant César. Seulement à quoi bon désirer cette alliance puisque l'appoint des légitimistes ne donnerait pas la majorité à la cause bonapartiste?

Nous ne parlons plus ici des traditions démocratiques des Napoléons; nous ne faisons plus de théorie, bien qu'à notre avis la théorie nous soit absolument favorable: nous jugeons l'utilité pratique de telle ou telle attitude.

Admettons qu'en continuant, en accentuant la politique qui prévalait avant la mort du Prince Impérial, on gagnât complètement le parti légitimiste groupé autour du clergé, qu'obtiendrait-on?

De devenir des vaincus plus nombreux, mais de rester des vaincus.

En vain dira-t-on que, par suite d'une réaction périodique, les idées antidémocratiques ont fait des progrès considérables; en vain invoquera-t-on le succès de certaines pétitions colportées et le chiffre des signatures recueillies; ce chiffre même, qui comprend un nombre énorme de femmes et d'enfants, indique quelle armée restreinte peut mettre en mouvement la puissante hiérarchie ecclésiastique.

Du reste, en politique, il faut s'appuyer sur des faits précis, et la France, interrogée au sujet de la politique d'alliance conservatrice inaugurée au 16 mai 1877, a répondu hautement non.

C'est donc parmi les masses républicaines qu'il faut faire des prosélytes, car elles seules peuvent donner la majorité et par conséquent la victoire.

Convertira-t-on les personnages politiques, les députés, les journalistes, les chefs d'emploi?

Nous ne l'espérons point; nous ne le désirons point.

Ces recrues-là nous paraissent d'une mince utilité. Les hommes politiques de notre temps sont en général le reflet de leurs électeurs et n'ont sur ceux-ci qu'une action médiocre. Ceux qu'il faut convertir, ce sont ces électeurs eux-mêmes, ces hommes de bonne foi qui vont à un parti, parce que ce parti semble leur apporter la prospérité, la paix et le progrès.

Peut-on agir sur les masses électorales qui ont voté en faveur de la République? Oui, sans aucun doute. Le terrain est tout préparé. La République n'a rien tenu de ce qu'elle promettait, et depuis un an des circonstances indépendantes de son peu de mérite l'ont fort desservie. Le paysan est gêné, l'ouvrier meurt de faim. Ils n'ont point profité d'un régime qui devait changer leur condition.

Ont-ils aimé la République pour elle-même ? Nullement. Ils l'ont aimée parce qu'on a dit et qu'ils ont cru que la République était le gouvernement par les leurs et pour les leurs. La République a été le gouvernement par la classe moyenne et pour la classe moyenne. L'expérience s'en affirme davantage tous les jours.

C'est donc du côté des grandes masses qui ont acclamé la République que le parti bonapartiste doit se tourner. Il doit faire entrer dans l'esprit du peuple que l'Empire est vraiment le gouvernement que la République semblait être ; et pour cela se rappeler quelles déclarations, quel programme, quelle promesses ont amené la popularité de la République.

« Mais alors, pourquoi remplacer la République, si l'on fait tout comme elle? » diront les conservateurs.

On ne fera pas tout comme elle, car elle ne fait rien et l'on fera quelque chose.

Que, légalement porté sur le trône, le Prince Napoléon ait seulement six mois de pouvoir, et cet esprit, qui a délibéré en lui-même pendant une longue vie, résoudra plus de problèmes peut-être qu'on n'en a posés depuis soixante ans.

Paris. — Imprimerie de E. Donnaud, rue Cassette, 1.

EXTRAIT DU CATALOGUE

DE LA

LIBRAIRIE E. DENTU

PARIS, PALAIS-ROYAL, 15-17-19, GALERIE D'ORLÉANS

ROMANS ET NOUVELLES

Collection grand in-18 jésus, impression de luxe

à 3 francs le volume

Amédée Achard. . . .	La Vie errante.	1 vol.
Gustave Aimard. . . .	La Forêt Vierge.	3 —
—	Aventures de Michel Hartmann. . .	2 —
—	La Belle Rivière.	2 —
—	Les Bisons blancs.	1 —
—	Les Bois Brûlés.	3 —
—	Cardenio.	1 —
—	Le Chasseur de Rats.	2 —
—	Les Scalpeurs blancs..	2 —
—	Les Rois de l'Océan..	2 —
—	Les Vauriens du Pont-Neuf. . . .	3 —
Arnous Rivière. . . .	Une méprise du cœur.	1 —
Alfred Assollant. . . .	L'Aventurier.	2 —
—	Un Millionnaire.	1 —
—	Rachel.	1 —
—	Le Seigneur de Lanterne.	1 —
—	Le Puy de Montchal.	1 —
—	Léa.	1 —
—	Le docteur Judassohn.	1 —
—	La Croix des Prêches	2 —
—	Le plus hardi des Gueux.	1 —
Xavier Aubryet. . . .	Robinsonne et Vendredine.	1 —
—	La vengeance de Mme Maubrel. . .	1 —
—	Philosophie mondaine.	1 —
—	Chez Nous et chez nos Voisins...	1 —
Audebert.	Le Roman d'un Libre penseur . . .	1 —
Philibert Audebrand. .	Les Mariages d'aujourd'hui. . .	1 —
—	Le drame de la Sauvagère.	1 —
—	L'Enchanteresse.	1 —

LIBRAIRIE DE E. DENTU, PALAIS-ROYAL

ROMANS et NOUVELLES, A 3 FR. LE VOLUME

G. d'Avenel	La jolie fille de Saint-Jean	1 vol.
Audeval	Le Tueur de femmes	1 —
Mme Olympe Audouard	L'Amie intime	1 —
—	Comment aiment les hommes	1 —
—	Guerre aux hommes	1 —
—	L'Homme de 40 ans	1 —
Henri Augu	Les Oubliettes du Louvre	1 —
—	L'Abbesse de Montmartre	2 —
—	Le Mousquetaire du Cardinal	2 —
—	Une Vengeance de comédienne	1 —
Paul Avenel	Le Duc des Moines	1 —
—	Les Lipans	1 —
—	Les Calicots	1 —
A. Bapaume	Cœur de Lionne	1 —
Bachaumont	Les Femmes du Monde	1 —
C. Badère	Marie Favral	1 —
—	La Vengeance d'une jeune fille	1 —
—	Une Mariée de seize ans	1 —
Aug. Barbier	Trois passions	1 —
A. Belot	L'Article 47	1 —
—	Mademoiselle Giraud	1 —
—	Le Parricide	1 —
—	Daeolard et Lubin	1 —
—	Deux Femmes	1 —
—	La Femme de feu	1 —
—	Hélène et Mathilde	1 —
—	Les Mystères mondains	4 —
—	La Vénus de Gordes	1 —
—	Le Secret terrible	1 —
—	Folies de Jeunesse	1 —
—	La Sultane parisienne	1 —
—	La Fièvre de l'Inconnu	1 —
—	La Vénus noire	1 —
Elie Berthet	Le Gouffre	1 —
—	L'année du grand hiver	1 —
—	La Famille Savigny	1 —
—	Maître Bernard	1 —
—	L'œil du Diamant	1 —
—	Les oreilles du banquier	1 —
—	Le Sauvage	1 —
—	Histoires des Uns et des Autres	1 —
Marie de Besneray	Ivan Stertoff	1 —
Ernest Billaudel	Clémentine Lerambert	1 —

LIBRAIRIE DE E. DENTU, PALAIS-ROYAL

ROMANS et NOUVELLES, A 3 FR. LE VOLUME

F. du Boisgobey	Nouv. Mystères de Paris	3 vol.
—	La Jambe Noire	2 —
—	L'As de cœur	2 —
—	Le chevalier Casse-Cou	2 —
—	Les Collets noirs	2 —
—	Le Coup de pouce	1 —
—	Les Gredins	2 —
—	La tresse blonde	1 —
—	Le Demi-Monde sous la Terreur	2 —
—	Les deux Merles de M. de St-Mars	2 —
—	La Vieillesse de M. Lecoq	2 —
Félix Bonnal	Les Souffrances d'un amoureux	1 —
A. Bouvier	Auguste Manette	1 —
—	Le Domino rose	1 —
F. du Boys	La Comtesse de Monte-Cristo	2 —
Gontran Borys	Les Paresseux de Paris	2 —
—	Le beau Roland	2 —
—	Finette	1 —
—	Le Cousin du Diable	2 —
Paul Bonnaud	Le Roman d'une Princesse	1 —
Simon Boubée	Le Violon fantôme	1 —
René de Camors	Le Complice	1 —
Alix Bressant	Gabriel Pinson	1 —
—	Une Paria	1 —
Édouard Cadol	Le Monde galant	1 —
—	Rose	1 —
—	Le Cheveu du diable	1 —
Du Casse	Quatorze de dames	1 —
Eugène Chavette	Défunt Brichet	2 —
—	Le Remouleur	2 —
—	L'Héritage d'un pique-assiette	3 —
—	La Chambre du crime	1 —
—	La Chiffarde	2 —
—	La Chasse à l'oncle	2 —
—	Aimé de son Concierge	1 —
Amédée de Cesena	Les Belles Pécheresses	1 —
—	Une Courtisane vierge	1 —
—	Le Chapelet d'amour	1 —
Champfleury	L'Avocat trouble-ménage	1 —
—	Le Secret de M. Ladureau	1 —
—	La petite Rose	1 —
Jules Claretie	Noël Rambert	1 —
—	Les Belles folies	1 —

LIBRAIRIE DE E. DENTU, PALAIS-ROYAL

ROMANS et NOUVELLES, A 3 FR. LE VOLUME

Paris. — Imprimerie de E. Donnaud, rue Cassette, 1.

www.ingramcontent.com/pod-product-compliance
Lightning Source LLC
Chambersburg PA
CBHW051119050726
47594CB00003B/868